Grøn Glæde

En Plantebaseret Kogebog til Livsglæde og Sund Balance

Oliver Grønslag

Copyright 2024

Alle rettigheder forbeholdes

Alle rettigheder forbeholdes. Ingen del af denne bog må gengives eller kopieres i nogen form eller på nogen måde, elektronisk eller mekanisk, herunder fotokopiering, optagelse eller ved hjælp af noget informationslagrings- og genfindingssystem, uden skriftlig tilladelse fra udgiveren, undtagen medtagelse af korte citater i en anmeldelse.

Advarsel-fraskrivelse

Oplysningerne i denne bog er beregnet til at være så nøjagtige som muligt. Forfatteren og udgiveren påtager sig intet ansvar over for nogen med hensyn til tab eller skade forårsaget eller påstået at være forårsaget, direkte eller indirekte af informationen i denne bog.

Indholdsfortegnelse

Introduktion 12

RIS OG KORN 15

Klassisk hvidløgsris 16

Brune ris med grøntsager og tofu 18

Grundlæggende amarantgrød 20

. Majsbrød med spinat 22

Risengrød med ribs 24

Hirsegrød med sultanas 26

Quinoagrød med tørrede figner 29

Rosin Brød Budding 31

Bulgur hvedesalat 33

Ruggrød med blåbærtopping 35

Kokos- og sorghumgrød 37

Fars aromatiske ris 39

Salt Semulje til hverdags 41

Bygsalat i græsk stil 43

Nem majsgrød 45

Mors Hirse Muffins 47

Brune ris med ingefær 49

Søde havregryn "gryn" 51

Freekeh skål med tørrede figner 53

Majsmelsgrød med ahornsirup 56

ris i middelhavsstil 58

Bulgur pandekager med et twist 60

Chokolade og ruggrød 62

Autentisk afrikansk mad Mielie 64

Teff grød med tørrede figner 66

Dekadent brødbudding med abrikoser 69

Ris med Chipotle og koriander 71

Grød med mandler 73

Aromatisk hirseskål 75

Harissa Bulgur skål 77

Kokos og quinoa budding 80

Cremini svampe risotto 82

Farverig risotto med grøntsager 84

Amaranth semulje med valnødder 86

Byg pilaf med vilde svampe 88

Søde majsbrød muffins 90

Aromatisk risengrød med tørrede figner 93

Potage med quinoa 95

Skål sorghum med mandler ... 97

Bulgur muffins med rosiner ... 99

gammeldags pilaf ... 101

Freekeh salat med Za'atar ... 103

Grøntsags amarant suppe ... 105

Polenta med svampe og kikærter ... 108

Teff salat med avocado og bønner ... 110

Overnight Havre med valnødder ... 112

Hjemmelavet chokolade med kokos og rosiner ... 115

Nem Mokka Fudge ... 117

Mandel- og chokoladestænger ... 119

mandelsmør cookies ... 121

Jordnøddesmør havregrynsbarer ... 123

Halvah Vanilje Fudge ... 125

Rå chokolade og mango kage ... 127

N'ice chokoladecreme ... 129

Raw Raspberry Cheesecake ... 131

Mini citrontærter ... 133

Fluffy Coconut Blondies med Rosiner ... 136

Nemme chokoladefirkanter ... 138

Chokolade Rosin Cookie Bars ... 140

Mandel granola barer ... 142

Fluffy kokos cookies 144

Valnødde- og råbærtærte 146

Drømme chokoladekugler 148

Sidste øjeblik makaroni 150

Forældede ratafias 152

Jasmin risengrød med tørrede abrikoser 154

Daglige energibarer 156

rå kokos-is 159

Chokolade og hasselnøddefudge 161

Blåbær havregryn firkanter 163

Klassisk brødbudding med sultanas 165

Dekadent Hasselnød Halvah 167

Mini Orange Cheesecakes 169

Bærkompot med rødvin 171

Tyrkiske Irmik Helvasi 173

Traditionel græsk koufeto 175

Krydret frugtsalat med citrondressing 177

Æblecrumble i tysk stil 180

Vanilje- og kanelbudding 182

Mint chokoladekage 184

Gammeldags småkager 186

Kokoscreme kage 188

Nem chokolade slik 190

Mors hindbærskomager 193

Sprød efterårspære 195

Berømte høstak-kager 197

Dobbelt chokolade brownies 199

Sprøde havregryn og valnød lækkerier 201

Mors hindbærostkage 203

Chokoladeglaserede småkager 205

Karamel brød budding 207

De bedste granolabarer nogensinde 210

Gammeldags Penuche Fudge 212

(Klar på cirka 10 minutter + afkølingstid | 12 serveringer) 213

Klassisk vegansk smør 215

Zucchinipandekager i middelhavsstil 216

Traditionelt norsk fladbrød (Lefse) 218

Grundlæggende cashewsmør 220

Introduktion

Indtil for nylig begyndte flere og flere mennesker at omfavne den plantebaserede kost livsstil. Hvad der præcist har tiltrukket titusinder af mennesker til denne livsstil, kan diskuteres. Der er dog stigende beviser for, at det at følge en primært plantebaseret livsstil fører til bedre vægtstyring og et generelt helbred, fri for mange kroniske sygdomme. Hvad er de sundhedsmæssige fordele ved en plantebaseret kost? Det viser sig, at det at spise plantebaseret er en af de sundeste diæter i verden. Sund vegansk kost inkluderer masser af friske råvarer, fuldkorn, bælgfrugter og sunde fedtstoffer som frø og nødder. De er rigelige af antioxidanter, mineraler, vitaminer og kostfibre. Aktuel videnskabelig forskning peger på, at større forbrug af plantebaserede fødevarer er forbundet med en lavere risiko for dødelighed af sygdomme som hjerte-kar-sygdomme, type 2-diabetes, hypertension og fedme. Veganske spiseplaner er typisk baseret på sunde basisfødevarer, hvor man undgår animalske produkter fyldt med antibiotika, tilsætningsstoffer og hormoner. Desuden kan indtagelse af en højere andel af essentielle aminosyrer med animalske proteiner være skadeligt for menneskers sundhed. Da animalske produkter indeholder meget mere fedt end plantebaserede fødevarer, er det ingen overraskelse, at undersøgelser har vist, at kødspisere har en ni gange højere grad af fedme end veganere. Dette bringer os til det næste punkt, en af de største fordele ved den veganske kost: vægttab. Mens mange mennesker vælger at leve et vegansk liv af etiske årsager, kan diæten i sig selv hjælpe dig med at nå dine vægttabsmål. Hvis du kæmper for at ændre vægt, kan du overveje at prøve en plantebaseret kost. Hvordan præcist? Som veganer vil du reducere antallet af fødevarer med højt kalorieindhold, såsom fuldfede mejeriprodukter, fed fisk, svinekød og andre fødevarer, der indeholder kolesterol, såsom æg. Prøv at erstatte disse fødevarer med alternativer rige på fibre og protein, som vil holde dig mæt i længere tid. Nøglen er at fokusere på næringstætte, rene, naturlige fødevarer og undgå tomme kalorier som sukker, mættet fedt og højt forarbejdede fødevarer. Her er nogle tricks, der hjælper mig med at holde min vægt på den veganske kost i årevis. Jeg har grøntsager som hovedret; Jeg indtager gode fedtstoffer med måde - et godt fedt som olivenolie gør dig ikke fed; Jeg træner regelmæssigt og laver mad derhjemme. Nyd det!

RIS OG KORN

Klassisk hvidløgsris

(Klar på cirka 20 minutter | 4 servere)

Per portion: Kalorier: 422; Fedt: 15,1 g; Kulhydrater: 61,1g; Protein: 9,3 g

ingredienser

4 spsk olivenolie

4 fed hvidløg, hakket

1½ dl hvide ris

2½ dl grøntsagsbouillon

Adresser

I en gryde varmes olivenolien op ved moderat høj varme. Tilsæt hvidløg og svits i cirka 1 minut eller indtil aromatisk.

Tilsæt ris og bouillon. Bring i kog; Bring straks varmen til at simre.

Kog i cirka 15 minutter eller indtil al væsken er absorberet. Drys risene med en gaffel, krydr med salt og peber og server varm.

Brune ris med grøntsager og tofu

(Klar på cirka 45 minutter | 4 servere)

Per portion: Kalorier: 410; Fedt: 13,2 g; Kulhydrater: 60 g; Protein: 14,3 g

ingredienser

4 tsk sesamfrø

2 stilke ung hvidløg, hakket

1 kop hakket purløg

1 gulerod, skåret og skåret i skiver

1 skive selleri

1/4 kop tør hvidvin

10 ounce tofu, i terninger

1½ kop langkornet brune ris, skyllet godt

2 spsk sojasovs

2 spsk tahini

1 spsk citronsaft

Adresser

I en wok eller stor gryde varmes 2 tsk sesamolie op over medium-høj varme. Kog nu hvidløg, løg, gulerod og selleri i ca. 3 minutter, og omrør jævnligt for at sikre ensartet tilberedning.

Tilsæt vinen for at deglaze panden og skub grøntsagerne til siden af wokken. Tilsæt den resterende sesamolie og steg tofuen i 8 minutter under omrøring af og til.

Bring 2 ½ dl vand i kog over medium-høj varme. Bring det i kog og kog risene i ca. 30 minutter eller indtil de er møre; flyd risene og vend med sojasovsen og tahin.

Tilføj grøntsager og tofu til varme ris; Tilsæt lidt frisk citronsaft og server lun. God fornøjelse!

Grundlæggende amarantgrød

(Klar på cirka 35 minutter | 4 servere)

Per portion: Kalorier: 261; Fedt: 4,4 g; Kulhydrater: 49g; Protein: 7,3 g

ingredienser

3 kopper vand

1 kop amarant

1/2 kop kokosmælk

4 spsk agavesirup

En knivspids kosher salt

En knivspids revet muskatnød

Adresser

Bring vand i kog over medium-høj varme; Tilsæt amarant og bring varmen til at simre.

Lad det koge i cirka 30 minutter, og rør med jævne mellemrum for at forhindre, at amaranten klæber til bunden af gryden.

Tilsæt de resterende ingredienser og fortsæt med at koge i 1 til 2 minutter mere, indtil de er gennemstegte. God fornøjelse!

. Majsbrød med spinat

(Klar på cirka 50 minutter | 8 servere)

Per portion: Kalorier: 282; Fedt: 15,4 g; Kulhydrater: 30 g; Protein: 4,6 g

ingredienser

1 spsk hørfrømel

1 kop universalmel

1 kop gult majsmel

1/2 tsk natron

1/2 tsk bagepulver

1 tsk kosher salt

1 tsk brun farin

En knivspids revet muskatnød

1 ¼ kopper usødet havremælk

1 tsk hvid eddike

1/2 kop olivenolie

2 kopper spinat, skåret i stykker

Adresser

Start med at forvarme din ovn til 420 grader F. Spray nu en bageplade med en nonstick madlavningsspray.

For at lave høræg skal du blande hørfrømel med 3 spiseskefulde vand. Rør rundt og lad det sidde i cirka 15 minutter.

I en skål blandes grundigt mel, majsmel, natron, bagepulver, salt, sukker og revet muskatnød.

Tilsæt gradvist høræg, havremælk, eddike og olivenolie, mens du pisk konstant for at undgå klumper. Tilsæt derefter spinaten.

Hæld dejen på den forberedte bageplade. Bag dine majsbrød i cirka 25 minutter, eller indtil en tester indsat i midten kommer tør og ren ud.

Lad den hvile i cirka 10 minutter inden den skæres i skiver og serveres. God fornøjelse!

Risengrød med ribs

(Klar på cirka 45 minutter | 4 servere)

Per portion: Kalorier: 423; Fedt: 5,3 g; Kulhydrater: 85 g; Protein: 8,8 g

ingredienser

1½ dl vand

1 kop hvide ris

2 ½ kopper havremælk, delt

1/2 kop hvidt sukker

en knivspids salt

En knivspids revet muskatnød

1 tsk kanelpulver

1/2 tsk vaniljeekstrakt

1/2 kop tørrede ribs

Adresser

I en gryde bringes vandet i kog over medium-høj varme. Skru straks varmen til lav, tilsæt risene og lad det koge i cirka 20 minutter.

Tilsæt mælk, sukker og krydderier og fortsæt med at koge i 20 minutter mere under konstant omrøring for at forhindre, at risene klæber til gryden.

Top med tørrede ribs og server ved stuetemperatur. God fornøjelse!

Hirsegrød med sultanas

(Klar på cirka 25 minutter | 3 servere)

Per portion: Kalorier: 353; Fedt: 5,5 g; Kulhydrater: 65,2g; Protein: 9,8 g

ingredienser

1 kop vand

1 kop kokosmælk

1 kop hirse, skyllet

1/4 tsk revet muskatnød

1/4 tsk stødt kanel

1 tsk vaniljepasta

1/4 tsk kosher salt

2 spsk agavesirup

4 spsk sultanarosiner

Adresser

Kom vand, mælk, hirse, muskatnød, kanel, vanilje og salt i en gryde; bring i kog.

Skru varmen op og lad det koge i ca. 20 minutter; fluff hirse med gaffel og ske i individuelle skåle.

Server med agavesirup og sultanas. God fornøjelse!

Quinoagrød med tørrede figner

(Klar på cirka 25 minutter | 3 servere)

Per portion: Kalorier: 414; Fedt: 9g; Kulhydrater: 71,2 g; Protein: 13,8 g

ingredienser

1 kop hvid quinoa, skyllet

2 kopper mandelmælk

4 spsk brun farin

en knivspids salt

1/4 tsk revet muskatnød

1/2 tsk stødt kanel

1/2 tsk vaniljeekstrakt

1/2 kop tørrede figner, hakkede

Adresser

Kom quinoa, mandelmælk, sukker, salt, muskatnød, kanel og vaniljeekstrakt i en gryde.

Bring i kog ved middelhøj varme. Skru varmen op og lad det koge i ca. 20 minutter; fnug med en gaffel.

Fordel i tre skåle og pynt med tørrede figner. God fornøjelse!

Rosin Brød Budding

(Klar på cirka 1 time | 4 servere)

Per portion: Kalorier: 474; Fedt: 12,2 g; Kulhydrater: 72 g; Protein: 14,4 g

ingredienser

- 4 kopper daggammelt brød i tern
- 1 kop brun farin
- 4 kopper kokosmælk
- 1/2 tsk vaniljeekstrakt
- 1 tsk kanelpulver
- 2 spsk rom.
- 1/2 kop rosiner

Adresser

Start med at forvarme ovnen til 360 grader F. Smør let en gryde med nonstick-spray.

Læg brødet i tern i den tilberedte ildfast fad.

I en skål blandes sukker, mælk, vanilje, kanel, rom og rosiner grundigt. Hæld cremen jævnt over brødterningerne.

Lad det trække i cirka 15 minutter.

Bag i den forvarmede ovn i cirka 45 minutter eller indtil toppen er gyldenbrun og sat. God fornøjelse!

Bulgur hvedesalat

(Klar på cirka 25 minutter | 4 servere)

Per portion: Kalorier: 359; Fedt: 15,5 g; Kulhydrater: 48,1g; Protein: 10,1 g

ingredienser

1 kop bulgurhvede

1½ dl grøntsagsbouillon

1 tsk havsalt

1 tsk hakket frisk ingefær

4 spsk olivenolie

1 hakket løg

8 ounce dåse kikærter, drænet

2 store ristede peberfrugter, skåret i skiver

2 spsk hakket frisk persille

Adresser

I en dyb gryde bringes bulgur og grøntsagsbouillon i kog; lad det koge under låg i 12 til 13 minutter.

Lad det sidde i cirka 10 minutter og luft med en gaffel.

Tilføj de resterende ingredienser til kogt bulgurhvede; Serveres ved stuetemperatur eller koldt. God fornøjelse!

Ruggrød med blåbærtopping

(Klar på cirka 15 minutter | 3 servere)

Per portion: Kalorier: 359; Fedt: 11 g; Kulhydrater: 56,1g; Protein: 12,1 g

ingredienser

1 kop rugflager

1 kop vand

1 kop kokosmælk

1 kop friske blåbær

1 spsk kokosolie

6 dadler, udstenede

Adresser

Tilsæt rugflager, vand og kokosmælk til en dyb gryde; bring det i kog ved middel-høj varme. Skru ned for varmen og lad det koge i 5 til 6 minutter.

Purér blåbærene med kokosolie og dadler i en blender eller foodprocessor.

Server i tre skåle og pynt med blåbærtoppen.

God fornøjelse!

Kokos- og sorghumgrød

(Klar på cirka 15 minutter | 2 servere)

Per portion: Kalorier: 289; Fedt: 5,1 g; Kulhydrater: 57,8g; Protein: 7,3 g

ingredienser

1/2 kop sorghum

1 kop vand

1/2 kop kokosmælk

1/4 tsk revet muskatnød

1/4 tsk stødt nelliker

1/2 tsk stødt kanel

Kosher salt efter smag

2 spsk agavesirup

2 spsk kokosflager

Adresser

Placer sorghum, vand, mælk, muskatnød, nelliker, kanel og kosher salt i en gryde; simre i cirka 15 minutter.

Hæld grød i serveringsskåle. Top med agavesirup og kokosflager. God fornøjelse!

Fars aromatiske ris

(Klar på cirka 20 minutter | 4 servere)

Per portion: Kalorier: 384; Fedt: 11,4 g; Kulhydrater: 60,4g; Protein: 8,3 g

ingredienser

3 spsk olivenolie

1 tsk hakket hvidløg

1 tsk tørret oregano

1 tsk tørret rosmarin

1 laurbærblad

1½ dl hvide ris

2½ dl grøntsagsbouillon

Havsalt og cayennepeber efter smag

Adresser

I en gryde varmes olivenolien op ved moderat høj varme. Tilsæt hvidløg, oregano, rosmarin og laurbærblad; sauter i cirka 1 minut eller indtil aromatisk.

Tilsæt ris og bouillon. Bring i kog; Bring straks varmen til at simre.

Kog i cirka 15 minutter eller indtil al væsken er absorberet. Pluk risene med en gaffel, krydr med salt og peber og server straks.

God fornøjelse!

Salt Semulje til hverdags

(Klar på cirka 35 minutter | 4 servere)

Per portion: Kalorier: 238; Fedt: 6,5 g; Kulhydrater: 38,7 g; Protein: 3,7 g

ingredienser

2 spsk vegansk smør

1 sødt løg hakket

1 tsk hakket hvidløg

4 kopper vand

1 kop sten semulje

Havsalt og cayennepeber efter smag

Adresser

I en gryde smeltes det veganske smør ved middelhøj varme. Når det er varmt, koges løget i cirka 3 minutter eller indtil det er mørt.

Tilsæt hvidløg og fortsæt med at sautere i 30 sekunder mere eller indtil aromatisk; booking.

Bring vandet i kog ved moderat høj varme. Tilsæt semulje, salt og peber. Bring varmen til at simre, læg låg på og fortsæt med at lave mad, cirka 30 minutter eller indtil gennemstegt.

Tilsæt den sauterede blanding og server varm. God fornøjelse!

Bygsalat i græsk stil

(Klar på cirka 35 minutter | 4 servere)

Per portion: Kalorier: 378; Fedt: 15,6 g; Kulhydrater: 50 g; Protein: 10,7 g

ingredienser

1 kop perlebyg

2 ¾ dl grøntsagsbouillon

2 spsk æblecidereddike

4 spsk ekstra jomfru olivenolie

2 peberfrugter, kernet og skåret i tern

1 skalotteløg hakket

2 ounce soltørrede tomater i olie, hakket

1/2 grønne oliven, udstenede og skåret i skiver

2 spsk frisk koriander, hakket

Adresser

Bring byg og bouillon i kog over medium-høj varme; Bring nu varmen til at simre.

Fortsæt med at simre i ca. 30 minutter, indtil al væsken er absorberet; fnug med en gaffel.

Bland byggen med eddike, olivenolie, peberfrugt, skalotteløg, soltørrede tomater og oliven; rør for at kombinere godt.

Pynt med frisk koriander og server ved stuetemperatur eller kold. God fornøjelse!

Nem majsgrød

(Klar på cirka 15 minutter | 2 servere)

Per portion: Kalorier: 278; Fedt: 12,7 g; Kulhydrater: 37,2 g; Protein: 3g

ingredienser

  2 kopper vand

  1/2 kop majsmel

  1/4 tsk stødt allehånde

  1/4 tsk salt

  2 spsk brun farin

  2 spsk mandelsmør

Adresser

I en gryde bringes vand i kog; Tilsæt derefter majsmelet gradvist og bring varmen til at simre.

Tilsæt malet allehånde og salt. Lad det koge i 10 minutter.

Tilsæt brun farin og mandelsmør og rør forsigtigt sammen. God fornøjelse!

Mors Hirse Muffins

(Klar på cirka 20 minutter | 8 servere)

Per portion: Kalorier: 367; Fedt: 15,9 g; Kulhydrater: 53,7g; Protein: 6,5 g

ingredienser

2 kopper fuldkornshvedemel

1/2 kop hirse

2 tsk bagepulver

1/2 tsk salt

1 kop kokosmælk

1/2 kop smeltet kokosolie

1/2 kop agave nektar

1/2 tsk stødt kanel

1/4 tsk stødt nelliker

En knivspids revet muskatnød

1/2 kop tørrede abrikoser, hakket

Adresser

Start med at forvarme ovnen til 400 grader F. Smør en muffinform let med nonstick-olie.

I en skål blandes alle de tørre ingredienser. Bland de våde ingredienser i en separat skål. Tilsæt mælkeblanding til melblanding; bland indtil jævnt fugtigt og overbland ikke dejen.

Fold abrikoserne i og skrab dejen i de forberedte muffinsforme.

Bag muffinsene i den forvarmede ovn i cirka 15 minutter, eller indtil en tester, der er sat ind i midten af muffinsen, kommer tør og ren ud.

Lad den hvile i 10 minutter på en rist, inden den tages ud og serveres. God fornøjelse!

Brune ris med ingefær

(Klar på cirka 30 minutter | 4 servere)

Per portion: Kalorier: 318; Fedt: 8,8 g; Kulhydrater: 53,4g; Protein: 5,6 g

ingredienser

1 ½ dl brune ris, skyllet

2 spsk olivenolie

1 tsk hakket hvidløg

1 stykke (1 tomme) ingefær, skrællet og hakket

1/2 tsk spidskommen frø

Havsalt og kværnet sort peber efter smag

Adresser

Læg brune ris i en gryde og dæk med koldt vand med 2 tommer. Bring i kog.

Skru ned for varmen og fortsæt med at koge i cirka 30 minutter eller indtil de er møre.

I en stegepande opvarmes olivenolien over medium-høj varme. Når de er varme, koges hvidløg, ingefær og spidskommen, indtil de er aromatiske.

Tilføj hvidløg-ingefærblanding til varme ris; Smag til med salt og peber og server med det samme. God fornøjelse!

Søde havregryn "gryn"

(Klar på cirka 20 minutter | 4 servere)

Per portion: Kalorier: 380; Fedt: 11,1 g; Kulhydrater: 59g; Protein: 14,4 g

ingredienser

1 ½ kop stålskåret havre, udblødt natten over

1 kop mandelmælk

2 kopper vand

En knivspids revet muskatnød

En knivspids malet nelliker

En knivspids havsalt

4 spiseskefulde skivede mandler

6 dadler, udstenede og hakkede

6 svesker, hakket

Adresser

I en dyb gryde bringes stålskåret havre, mandelmælk og vand i kog.

Tilsæt muskatnød, nelliker og salt. Sænk straks varmen til en simre, læg låg på og fortsæt med at koge i cirka 15 minutter, eller indtil de er bløde.

Hæld derefter grynene i fire serveringsskåle; top med mandler, dadler og svesker.

God fornøjelse!

Freekeh skål med tørrede figner

(Klar på cirka 35 minutter | 2 servere)

Per portion: Kalorier: 458; Fedt: 6,8 g; Kulhydrater: 90 g; Protein: 12,4 g

ingredienser

1/2 kop freekeh, udblødt i 30 minutter, drænet

1 1/3 dl mandelmælk

1/4 tsk havsalt

1/4 tsk stødt nelliker

1/4 tsk stødt kanel

4 spsk agavesirup

2 ounce tørrede figner, hakket

Adresser

Kom freekeh, mælk, havsalt, stødt nelliker og kanel i en gryde. Bring i kog ved middelhøj varme.

Skru øjeblikkeligt varmen til lav i 30 til 35 minutter, og omrør af og til for at fremme en jævn tilberedning.

Tilsæt agavesirup og figner. Hæld grøden i individuelle skåle og server. God fornøjelse!

Majsmelsgrød med ahornsirup

(Klar på cirka 20 minutter | 4 servere)

Per portion: Kalorier: 328; Fedt: 4,8 g; Kulhydrater: 63,4g; Protein: 6,6 g

ingredienser

2 kopper vand

2 kopper mandelmælk

1 kanelstang

1 vaniljestang

1 kop gult majsmel

1/2 kop ahornsirup

Adresser

I en gryde bringes vandet og mandelmælken i kog. Tilsæt kanelstang og vaniljestang.

Tilsæt majsmel gradvist under konstant omrøring; tænd for varmen for at simre. Lad det simre i cirka 15 minutter.

Dryp ahornsiruppen over grøden og server varm. God fornøjelse!

ris i middelhavsstil

(Klar på cirka 20 minutter | 4 servere)

Per portion: Kalorier: 403; Fedt: 12 g; Kulhydrater: 64,1g; Protein: 8,3 g

ingredienser

3 spsk vegansk smør, ved stuetemperatur

4 spsk hakket purløg

2 fed hvidløg, hakket

1 laurbærblad

1 kvist timian, hakket

1 kvist rosmarin, hakket

1½ dl hvide ris

2 kopper grøntsagsbouillon

1 stor tomat, pureret

Havsalt og kværnet sort peber efter smag

2 ounce Kalamata oliven, udstenede og skåret i skiver

Adresser

I en gryde smeltes det veganske smør ved moderat høj varme. Kog spidskålene i cirka 2 minutter eller indtil de er møre.

Tilsæt hvidløg, laurbærblad, timian og rosmarin og fortsæt med at sautere i cirka 1 minut eller indtil aromatisk.

Tilsæt ris, bouillon og pureret tomat. Bring i kog; Bring straks varmen til at simre.

Kog i cirka 15 minutter eller indtil al væsken er absorberet. Drys risene med en gaffel, krydr med salt og peber og pynt med oliven; server straks.

God fornøjelse!

Bulgur pandekager med et twist

(Klar på cirka 50 minutter | 4 servere)

Per portion: Kalorier: 414; Fedt: 21,8 g; Kulhydrater: 51,8g; Protein: 6,5 g

ingredienser

1/2 kop bulgur hvedemel

1/2 kop mandelmel

1 tsk bagepulver

1/2 tsk fint havsalt

1 kop sød kokosmælk

1/2 tsk stødt kanel

1/4 tsk stødt nelliker

4 spsk kokosolie

1/2 kop ahornsirup

1 stor banan, skåret i skiver

Adresser

I en skål kombineres grundigt mel, bagepulver, salt, kokosmælk, kanel og stødt nelliker; lad det sidde i 30 minutter for at trække godt ind.

Varm en lille smule kokosolie op i en stegepande.

Steg pandekagerne til overfladen er gyldenbrun. Pynt med ahornsirup og banan. God fornøjelse!

Chokolade og ruggrød

(Klar på cirka 10 minutter | 4 servere)

Per portion: Kalorier: 460; Fedt: 13,1 g; Kulhydrater: 72,2 g; Protein: 15g

ingredienser

2 kopper rugflager

2 ½ dl mandelmælk

2 ounce tørrede svesker, hakket

2 ounce mørk chokoladestykker

Adresser

Tilsæt rugflager og mandelmælk til en dyb gryde; bring det i kog ved middel-høj varme. Skru ned for varmen og lad det koge i 5 til 6 minutter.

Fjern fra ilden. Tilsæt de hakkede svesker og chokoladestykker, rør forsigtigt for at kombinere.

Hæld i serveringsskåle og server varm.

God fornøjelse!

Autentisk afrikansk mad Mielie

(Klar på cirka 15 minutter | 4 servere)

Per portion: Kalorier: 336; Fedt: 15,1 g; Kulhydrater: 47,9 g; Protein: 4,1 g

ingredienser

3 kopper vand

1 kop kokosmælk

1 kop majsmel

1/3 tsk kosher salt

1/4 tsk revet muskatnød

1/4 tsk stødt nelliker

4 spsk ahornsirup

Adresser

I en gryde bringes vand og mælk i kog; Tilsæt derefter majsmelet gradvist og bring varmen til at simre.

Tilsæt salt, muskatnød og nelliker. Lad det koge i 10 minutter.

Tilsæt ahornsirup og rør forsigtigt sammen. God fornøjelse!

Teff grød med tørrede figner

(Klar på cirka 25 minutter | 4 servere)

Per portion: Kalorier: 356; Fedt: 12,1 g; Kulhydrater: 56,5g; Protein: 6,8 g

ingredienser

1 kop fuldkornsteff

1 kop vand

2 kopper kokosmælk

2 spsk kokosolie

1/2 tsk stødt kardemomme

1/4 tsk stødt kanel

4 spsk agavesirup

7-8 tørrede figner, hakkede

Adresser

Kog fuldkornsteff, vand og kokosmælk op.

Skru ned for varmen og tilsæt kokosolie, kardemomme og kanel.

Lad det koge i 20 minutter eller indtil kornet er blødt og grøden er tyknet. Tilsæt agavesiruppen og rør det godt sammen.

Top hver serveringsskål med hakkede figner og server varm. God fornøjelse!

Dekadent brødbudding med abrikoser

(Klar på cirka 1 time | 4 servere)

Per portion: Kalorier: 418; Fedt: 18,8 g; Kulhydrater: 56,9 g; Protein: 7,3 g

ingredienser

- 4 kopper daggammelt ciabattabrød i tern
- 4 spsk smeltet kokosolie
- 2 kopper kokosmælk
- 1/2 kop kokossukker
- 4 spsk æblemos
- 1/4 tsk stødt nelliker
- 1/2 tsk stødt kanel
- 1 tsk vaniljeekstrakt
- 1/3 kop tørrede abrikoser, skåret i tern

Adresser

Start med at forvarme ovnen til 360 grader F. Smør let en gryde med nonstick-spray.

Læg brødet i tern i den tilberedte ildfast fad.

Bland grundigt kokosolie, mælk, kokossukker, æblemos, stødt nelliker, stødt kanel og vanilje i en skål. Hæld vanillecreme jævnt over brødterninger; fold abrikoserne i.

Tryk ned med en bred spatel og lad trække i cirka 15 minutter.

Bag i den forvarmede ovn i cirka 45 minutter eller indtil toppen er gyldenbrun og sat. God fornøjelse!

Ris med Chipotle og koriander

(Klar på cirka 25 minutter | 4 servere)

Per portion: Kalorier: 313; Fedt: 15 g; Kulhydrater: 37,1 g; Protein: 5,7 g

ingredienser

4 spsk olivenolie

1 chipotle chili, kernet og hakket

1 kop jasminris

1½ dl grøntsagsbouillon

1/4 kop frisk koriander, hakket

Havsalt og cayennepeber efter smag

Adresser

I en gryde varmes olivenolien op ved moderat høj varme. Tilsæt peber og ris og kog i cirka 3 minutter eller indtil aromatisk.

Hæld grøntsagsbouillonen i gryden og bring det i kog; Bring straks varmen til at simre.

Kog i cirka 18 minutter eller indtil al væsken er absorberet. Rør ris med en gaffel, tilsæt koriander, salt og cayennepeber; rør for at kombinere godt. God fornøjelse!

Grød med mandler

(Klar på cirka 20 minutter | 2 servere)

Per portion: Kalorier: 533; Fedt: 13,7 g; Kulhydrater: 85 g; Protein: 21,6 g

ingredienser

1 kop vand

2 kopper mandelmælk, delt

1 kop havreflager

2 spsk kokossukker

1/2 vaniljeessens

1/4 tsk kardemomme

1/2 kop hakkede mandler

1 skåret banan

Adresser

I en dyb gryde bringes vand og mælk i hurtigt kog. Tilsæt havregryn, dæk gryden og skru op for varmen.

Tilsæt kokossukker, vanilje og kardemomme. Fortsæt med at lave mad i ca. 12 minutter, under omrøring med jævne mellemrum.

Hæld blandingen i serveringsskåle; top med mandler og banan. God fornøjelse!

Aromatisk hirseskål

(Klar på cirka 20 minutter | 3 servere)

Per portion: Kalorier: 363; Fedt: 6,7 g; Kulhydrater: 63,5g; Protein: 11,6 g

ingredienser

1 kop vand

1½ dl kokosmælk

1 kop hirse, skyllet og drænet

1/4 tsk krystalliseret ingefær

1/4 tsk stødt kanel

En knivspids revet muskatnød

En knivspids Himalayasalt

2 spsk ahornsirup

Adresser

Kom vand, mælk, hirse, ingefær, krystalliseret kanel, muskatnød og salt i en gryde; bring i kog.

Skru varmen op og lad det koge i ca. 20 minutter; fluff hirse med gaffel og ske i individuelle skåle.

Server med ahornsirup. God fornøjelse!

Harissa Bulgur skål

(Klar på cirka 25 minutter | 4 servere)

Per portion: Kalorier: 353; Fedt: 15,5 g; Kulhydrater: 48,5g; Protein: 8,4 g

ingredienser

1 kop bulgurhvede

1½ dl grøntsagsbouillon

2 kopper søde majskerner, optøet

1 kop dåse kidneybønner, drænet

1 rødløg, skåret i tynde skiver

1 fed hvidløg, hakket

Havsalt og kværnet sort peber efter smag

1/4 kop harissa pasta

1 spsk citronsaft

1 spsk hvid eddike

1/4 kop ekstra jomfru olivenolie

1/4 kop friske persilleblade, hakket

Adresser

I en dyb gryde bringes bulgur og grøntsagsbouillon i kog; lad det koge under låg i 12 til 13 minutter.

Lad det sidde i 5 til 10 minutter og fluff din bulgur med en gaffel.

Tilføj de resterende ingredienser til kogt bulgurhvede; serveres lun eller ved stuetemperatur. God fornøjelse!

Kokos og quinoa budding

(Klar på cirka 20 minutter | 3 servere)

Per portion: Kalorier: 391; Fedt: 10,6 g; Kulhydrater: 65,2g; Protein: 11,1 g

ingredienser

1 kop vand

1 kop kokosmælk

1 kop quinoa

En knivspids kosher salt

En knivspids malet allehånde

1/2 tsk kanel

1/2 tsk vaniljeekstrakt

4 spsk agavesirup

1/2 kop kokosflager

Adresser

Kom vand, kokosmælk, quinoa, salt, malet allehånde, kanel og vaniljeekstrakt i en gryde.

Bring i kog ved middelhøj varme. Skru varmen op og lad det koge i ca. 20 minutter; luft med en gaffel og tilsæt agavesirup.

Fordel mellem tre serveringsskåle og pynt med kokosflager. God fornøjelse!

Cremini svampe risotto

(Klar på cirka 20 minutter | 3 servere)

Per portion: Kalorier: 513; Fedt: 12,5 g; Kulhydrater: 88 g; Protein: 11,7 g

ingredienser

3 spsk vegansk smør

1 tsk hakket hvidløg

1 tsk timian

1 pund cremini-svampe, skåret i skiver

1½ dl hvide ris

2½ dl grøntsagsbouillon

1/4 kop tør sherryvin

Kosher salt og kværnet sort peber efter smag

3 spsk frisk purløg, skåret i tynde skiver

Adresser

I en gryde smeltes det veganske smør ved moderat høj varme. Kog hvidløg og timian i cirka 1 minut eller indtil aromatisk.

Tilsæt svampe og fortsæt med at sautere indtil de slipper væske eller cirka 3 minutter.

Tilsæt ris, grøntsagsbouillon og sherryvin. Bring i kog; Bring straks varmen til at simre.

Kog i cirka 15 minutter eller indtil al væsken er absorberet. Pluk risene med en gaffel, krydr med salt og peber, og pynt med frisk purløg.

God fornøjelse!

Farverig risotto med grøntsager

(Klar på cirka 35 minutter | 5 servere)

Per portion: Kalorier: 363; Fedt: 7,5 g; Kulhydrater: 66,3g; Protein: 7,7 g

ingredienser

2 spsk sesamolie

1 hakket løg

2 peberfrugter, hakket

1 pastinak, skåret og hakket

1 gulerod, skåret og hakket

1 kop broccolibuketter

2 fed hvidløg finthakket

1/2 tsk stødt spidskommen

2 kopper brune ris

Havsalt og sort peber efter smag.

1/2 tsk stødt gurkemeje

2 spsk frisk koriander, finthakket

Adresser

Varm sesamolien op i en gryde ved middelhøj varme.

Når det er varmt, koges løg, peberfrugt, pastinak, gulerod og broccoli i ca. 3 minutter, indtil det er aromatisk.

Tilsæt hvidløg og stødt spidskommen; fortsæt med at koge i 30 sekunder mere, indtil den er aromatisk.

Læg brune ris i en gryde og dæk med koldt vand med 2 tommer. Bring i kog. Skru ned for varmen og fortsæt med at koge i cirka 30 minutter eller indtil de er møre.

Tilføj ris til grøntsagsblandingen; smag til med salt, sort peber og stødt gurkemeje; Pynt med frisk koriander og server med det samme. God fornøjelse!

Amaranth semulje med valnødder

(Klar på cirka 35 minutter | 4 servere)

Per portion: Kalorier: 356; Fedt: 12 g; Kulhydrater: 51,3g; Protein: 12,2g

ingredienser

2 kopper vand

2 kopper kokosmælk

1 kop amarant

1 kanelstang

1 vaniljestang

4 spsk ahornsirup

4 spsk hakkede valnødder

Adresser

Bring vand og kokosmælk i kog over medium-høj varme; Tilsæt amarant, kanel og vanilje og lad varmen simre.

Lad det koge i cirka 30 minutter, og rør med jævne mellemrum for at forhindre, at amaranten klæber til bunden af gryden.

Top med ahornsirup og pekannødder. God fornøjelse!

Byg pilaf med vilde svampe

(Klar på cirka 45 minutter | 4 servere)

Per portion: Kalorier: 288; Fedt: 7,7 g; Kulhydrater: 45,3g; Protein: 12,1 g

ingredienser

2 spsk vegansk smør

1 lille løg hakket

1 tsk hakket hvidløg

1 jalapenopeber, frøet og hakket

1 pund vilde svampe, skåret i skiver

1 kop medium perlebyg, skyllet

2 ¾ dl grøntsagsbouillon

Adresser

Smelt det veganske smør i en gryde ved middelhøj varme.

Når det er varmt, koges løget i cirka 3 minutter, indtil det er mørt.

Tilsæt hvidløg, jalapeñopeber, svampe; fortsæt med at sautere i 2 minutter eller indtil aromatisk.

Tilsæt byg og bouillon, læg låg på og fortsæt med at simre i cirka 30 minutter. Når al væsken er absorberet, lader du byggen sidde i cirka 10 minutter, mens du fluffer med en gaffel.

Smag til og juster krydderier. God fornøjelse!

Søde majsbrød muffins

(Klar på cirka 30 minutter | 8 servere)

Per portion: Kalorier: 311; Fedt: 13,7 g; Kulhydrater: 42,3g; Protein: 4,5 g

ingredienser

1 kop universalmel

1 kop gult majsmel

1 tsk bagepulver

1 tsk bagepulver

1 tsk kosher salt

1/2 kop sukker

1/2 tsk stødt kanel

1 1/2 dl mandelmælk

1/2 kop smeltet vegansk smør

2 spsk æblemos

Adresser

Start med at forvarme din ovn til 420 grader F. Spray nu en muffinspande med nonstick-spray.

Bland grundigt mel, majsmel, bagepulver, bagepulver, salt, sukker og kanel i en skål.

Tilsæt gradvist mælk, smør og æblemos, mens du pisk konstant for at undgå klumper.

Hæld dejen i den forberedte muffinform. Bag dine muffins i cirka 25 minutter, eller indtil en tester, der er sat ind i midten, kommer tør og ren ud.

Overfør til en rist til hvile i 5 minutter, før de tages ud og serveres. God fornøjelse!

Aromatisk risengrød med tørrede figner

(Klar på cirka 45 minutter | 4 servere)

Per portion: Kalorier: 407; Fedt: 7,5 g; Kulhydrater: 74,3g; Protein: 10,7 g

ingredienser

2 kopper vand

1 kop mellemkornet hvide ris

3½ dl kokosmælk

1/2 kop kokossukker

1 kanelstang

1 vaniljestang

1/2 kop tørrede figner, hakkede

4 spsk revet kokos

Adresser

I en gryde bringes vandet i kog over medium-høj varme. Skru straks varmen til lav, tilsæt risene og lad det koge i cirka 20 minutter.

Tilsæt mælk, sukker og krydderier og fortsæt med at koge i 20 minutter mere under konstant omrøring for at forhindre, at risene klæber til gryden.

Top med tørrede figner og kokos; Server din budding lun eller ved stuetemperatur. God fornøjelse!

Potage med quinoa

(Klar på cirka 25 minutter | 4 servere)

Per portion: Kalorier: 466; Fedt: 11,1 g; Kulhydrater: 76 g; Protein: 16,1 g

ingredienser

2 spsk olivenolie

1 hakket løg

4 mellemstore kartofler, skrællet og skåret i tern

1 gulerod, skåret i skiver

1 pastinak, skåret og skåret i tern

1 jalapenopeber, frøet og hakket

4 kopper grøntsagsbouillon

1 kop quinoa

Havsalt og kværnet hvid peber efter smag

Adresser

I en tykbundet gryde varmes olivenolien op over medium-høj varme. Svits løg, kartofler, gulerødder, pastinak og peber i cirka 5 minutter, eller indtil de er bløde.

Tilsæt grøntsagsbouillon og quinoa; bring i kog.

Skru med det samme varmen til lav i cirka 15 minutter eller indtil quinoaen er mør.

Smag til med salt og peber efter smag. Purér din grød med en stavblender. Varm gryderet op lige inden servering og nyd!

Skål sorghum med mandler

(Klar på cirka 15 minutter | 4 servere)

Per portion: Kalorier: 384; Fedt: 14,7 g; Kulhydrater: 54,6g; Protein: 13,9 g

ingredienser

1 kop sorghum

3 kopper mandelmælk

En knivspids havsalt

En knivspids revet muskatnød

1/2 tsk stødt kanel

1/4 tsk stødt kardemomme

1 tsk krystalliseret ingefær

4 spsk brun farin

4 spiseskefulde skivede mandler

Adresser

Læg sorghum, mandelmælk, salt, muskatnød, kanel, kardemomme og krystalliseret ingefær i en gryde; simre i cirka 15 minutter.

Tilsæt brun farin, rør rundt og hæld grøden i serveringsskåle.

Top med mandler og server med det samme. God fornøjelse!

Bulgur muffins med rosiner

(Klar på cirka 20 minutter | 6 servere)

Per portion: Kalorier: 306; Fedt: 12,1 g; Kulhydrater: 44,6 g; Protein: 6,1 g

ingredienser

1 kop bulgur, kogt

4 spsk smeltet kokosolie

1 tsk bagepulver

1 tsk bagepulver

2 spsk høræg

1 ¼ kop universalmel

1/2 kop kokosmel

1 kop kokosmælk

4 spsk brun farin

1/2 kop rosiner, pakket

Adresser

Start med at forvarme din ovn til 420 grader F. Spray en muffinpande med nonstick-madolie.

Bland alle tørre ingredienser godt sammen. Tilsæt den kogte bulgur.

I en anden skål piskes alle våde ingredienser sammen; Tilføj våd blanding til bulgurblanding; fold rosinerne i.

Bland indtil alt er godt blandet, men ikke alt for blandet; hæld dejen i den forberedte muffin.

Bag nu dine muffins i cirka 16 minutter, eller indtil en tester kommer ud tør og ren. God fornøjelse!

gammeldags pilaf

(Klar på cirka 45 minutter | 4 servere)

Per portion: Kalorier: 532; Fedt: 11,4 g; Kulhydrater: 93g; Protein: 16,3 g

ingredienser

2 spsk sesamolie

1 skalotteløg, skåret i skiver

2 peberfrugter, udsået og skåret i skiver

3 fed hvidløg, hakket

10 ounce østerssvampe, renset og skåret i skiver

2 kopper brune ris

2 tomater, purerede

2 kopper grøntsagsbouillon

Salt og sort peber efter smag

1 kop søde majskerner

1 kop grønne ærter

Adresser

Varm sesamolien op i en gryde ved middelhøj varme.

Når de er varme, koges skalotteløg og peberfrugt i cirka 3 minutter, indtil de er møre.

Tilsæt hvidløg og østerssvampe; fortsæt med at sautere i 1 minut eller deromkring indtil aromatisk.

I en let smurt gryde placeres risene, drysset med blandingen af svampe, tomater, bouillon, salt, sort peber, majs og ærter.

Bag, tildækket, ved 375 grader F i cirka 40 minutter, under omrøring efter 20 minutter. God fornøjelse!

Freekeh salat med Za'atar

(Klar på cirka 35 minutter | 4 servere)

Per portion: Kalorier: 352; Fedt: 17,1 g; Kulhydrater: 46,3g; Protein: 8g

ingredienser

1 kop freekeh

2½ kopper vand

1 kop druetomater, skåret i halve

2 peberfrugter, udsået og skåret i skiver

1 habanero chili, frøet og skåret i skiver

1 løg, skåret i tynde skiver

2 spsk hakket frisk koriander

2 spsk hakket frisk persille

2 ounce grønne oliven, udstenede og skåret i skiver

1/4 kop ekstra jomfru olivenolie

2 spsk citronsaft

1 tsk deli sennep

1 tsk za'atar

Havsalt og kværnet sort peber efter smag

Adresser

Kom freekeh og vand i en gryde. Bring i kog ved middelhøj varme.

Skru øjeblikkeligt varmen til lav i 30 til 35 minutter, og omrør af og til for at fremme en jævn tilberedning. Lad det køle helt af.

Bland den kogte freekeh med de resterende ingredienser. Bland det godt sammen.

God fornøjelse!

Grøntsags amarant suppe

(Klar på cirka 30 minutter | 4 servere)

Per portion: Kalorier: 196; Fedt: 8,7 g; Kulhydrater: 26,1g; Protein: 4,7 g

ingredienser

2 spsk olivenolie

1 lille skalotteløg, hakket

1 gulerod, skåret og hakket

1 pastinak, skåret og hakket

1 kop gul squash, skrællet og hakket

1 tsk fennikelfrø

1 tsk selleri frø

1 tsk gurkemejepulver

1 laurbær

1/2 kop amaranth

2 kopper fløde selleri

2 kopper vand

2 kopper collard greens, skåret i stykker

Havsalt og kværnet sort peber efter smag

Adresser

I en tykbundet gryde varmes olivenolien op, indtil den syder. Når de er varme, sauterer du skalotteløg, gulerod, pastinak og squash i 5 minutter eller indtil de er møre.

Sauter derefter fennikelfrø, sellerifrø, gurkemejepulver og laurbærblad i cirka 30 sekunder, indtil de er aromatiske.

Tilsæt amarant, suppe og vand. Bring varmen til at simre. Dæk til og lad det simre i 15 til 18 minutter.

Tilsæt derefter de grønne collard, krydr med salt og sort peber, og fortsæt med at simre i 5 minutter mere. God fornøjelse!

Polenta med svampe og kikærter

(Klar på cirka 25 minutter | 4 servere)

Per portion: Kalorier: 488; Fedt: 12,2 g; Kulhydrater: 71g; Protein: 21,4 g

ingredienser

3 kopper grøntsagsbouillon

1 kop gult majsmel

2 spsk olivenolie

1 hakket løg

1 peberfrugt, frøet og skåret i skiver

1 pund cremini-svampe, skåret i skiver

2 fed hvidløg, hakket

1/2 kop tør hvidvin

1/2 kop grøntsagsbouillon

Kosher salt og friskkværnet sort peber efter smag

1 tsk paprika

1 kop dåse kikærter, drænet

Adresser

I en mellemstor gryde bringes grøntsagsbouillon i kog over medium-høj varme. Tilsæt nu majsmel, mens du pisk konstant for at undgå klumper.

Reducer varmen for at simre. Fortsæt med at simre under jævnlig piskning i cirka 18 minutter, indtil blandingen er tyknet.

Varm imens olivenolien op i en gryde ved moderat høj varme. Kog løg og peber i cirka 3 minutter, eller indtil de er møre og duftende.

Tilsæt svampe og hvidløg; fortsæt med at sautere, og tilsæt gradvist vin og bouillon i 4 minutter mere eller indtil gennemstegt. Smag til med salt, sort peber og paprika. Tilsæt kikærterne.

Hæld svampeblandingen over polentaen og server varm. God fornøjelse!

Teff salat med avocado og bønner

(Klar på cirka 20 minutter + afkølingstid | 2 servere)

Per portion: Kalorier: 463; Fedt: 21,2 g; Kulhydrater: 58,9 g; Protein: 13,1 g

ingredienser

2 kopper vand

1/2 kop teff korn

1 tsk frisk citronsaft

3 spsk vegansk mayonnaise

1 tsk deli sennep

1 lille avocado, udstenet, skrællet og skåret i skiver

1 lille rødløg, skåret i tynde skiver

1 lille persisk agurk, skåret i skiver

1/2 kop dåse kidneybønner, drænet

2 kopper babyspinat

Adresser

I en dyb gryde bringes vandet i kog over høj varme. Tilsæt teffkornet og lad det simre.

Fortsæt med at koge, tildækket, i cirka 20 minutter eller indtil de er møre. Lad det køle helt af.

Tilsæt de resterende ingredienser og bland for at kombinere. Server ved stuetemperatur. God fornøjelse!

Overnight Havre med valnødder

(Klar på cirka 5 minutter + afkølingstid | 3 servere)

Per portion: Kalorier: 423; Fedt: 16,8 g; Kulhydrater: 53,1g; Protein: 17,3 g

ingredienser

1 kop gammeldags havre

3 spsk chiafrø

1½ dl kokosmælk

3 tsk agavesirup

1 tsk vaniljeekstrakt

1/2 tsk stødt kanel

3 spsk hakkede valnødder

en knivspids salt

En knivspids revet muskatnød

Adresser

Fordel ingredienserne mellem tre glas.

Dæk til og ryst for at kombinere godt. Lad dem stå natten over i dit køleskab.

Du kan tilsætte lidt ekstra mælk inden servering. God fornøjelse!

Hjemmelavet chokolade med kokos og rosiner

(Klar på cirka 10 minutter + afkølingstid | Portioner 20)

Per portion: Kalorier: 130; Fedt: 9,1 g; Kulhydrater: 12,1g; Protein: 1,3 g

ingredienser

1/2 kop smeltet kakaosmør

1/3 kop jordnøddesmør

1/4 kop agavesirup

En knivspids revet muskatnød

En knivspids groft salt

1/2 tsk vaniljeekstrakt

1 kop tørret kokos, revet

6 ounce mørk chokolade, hakket

3 ounce rosiner

Adresser

Bland alle ingredienserne undtagen chokolade grundigt i en røreskål.

Hæld blandingen i forme. Lad den hvile et køligt sted.

Smelt den mørke chokolade i din mikroovn. Hæld den smeltede chokolade for at dække fyldet. Lad den hvile et køligt sted.

God fornøjelse!

Nem Mokka Fudge

(Klar på cirka 1 time og 10 minutter | 20 serveringer)

Per portion: Kalorier: 105; Fedt: 5,6 g; Kulhydrater: 12,9 g; Protein: 1,1 g

ingredienser

1 kop knuste småkager

1/2 kop mandelsmør

1/4 kop agave nektar

6 ounce mørk chokolade, brækket i stykker

1 tsk instant kaffe

En knivspids revet muskatnød

en knivspids salt

Adresser

Beklæd en stor bageplade med bagepapir.

Smelt chokoladen i din mikroovn og tilsæt de resterende ingredienser; rør for at kombinere godt.

Læg dejen på en bageplade beklædt med bagepapir. Stil den i din fryser i mindst 1 time for at sætte sig.

Skær i firkanter og server. God fornøjelse!

Mandel- og chokoladestænger

(Klar på cirka 40 minutter | Serverer 10)

Per portion: Kalorier: 295; Fedt: 17 g; Kulhydrater: 35,2g; Protein: 1,7 g

ingredienser

1/2 kop mandelsmør

1/4 kop smeltet kokosolie

1/4 kop agavesirup

1 tsk vaniljeekstrakt

1/4 tsk havsalt

1/4 tsk revet muskatnød

1/2 tsk stødt kanel

2 kopper mandelmel

1/4 kop hørfrømel

1 kop vegansk chokolade, skåret i stykker

1 1/3 kopper malede mandler

2 spsk kakaopulver

1/4 kop agavesirup

Adresser

Bland grundigt mandelsmør, kokosolie, 1/4 kop agavesirup, vanilje, salt, muskatnød og kanel i en skål.

Tilsæt gradvist mandelmel og hørfrømel og rør for at kombinere. Tilsæt chokoladestykkerne og rør igen.

Kombiner mandler, kakaopulver og agavesirup i en lille skål. Fordel nu ganachen over kagen. Frys i cirka 30 minutter, skær i stænger og server koldt. God fornøjelse!

mandelsmør cookies

(Klar på ca. 45 minutter | Serverer 10)

Per portion: Kalorier: 197; Fedt: 15,8 g; Kulhydrater: 12,5g; Protein: 2,1g

ingredienser

- 3/4 kop universalmel
- 1/2 tsk natron
- 1/4 tsk kosher salt
- 1 høræg
- 1/4 kop kokosolie, ved stuetemperatur
- 2 spsk mandelmælk
- 1/2 kop brun farin
- 1/2 kop mandelsmør
- 1/2 tsk stødt kanel
- 1/2 tsk vanilje

Adresser

I en skål kombineres mel, bagepulver og salt.

I en anden skål kombineres høræg, kokosolie, mandelmælk, sukker, mandelsmør, kanel og vanilje. Tilsæt den våde blanding til de tørre ingredienser og rør, indtil det er godt blandet.

Stil dejen i dit køleskab i cirka 30 minutter. Form dejen til små småkager og læg dem på en bagepapirbeklædt bageplade.

Bag i den forvarmede 350 grader F ovn i cirka 12 minutter. Overfør panden til en rist til afkøling til stuetemperatur. God fornøjelse!

Jordnøddesmør havregrynsbarer

(Klar på cirka 25 minutter | Portioner 20)

Per portion: Kalorier: 161; Fedt: 10,3 g; Kulhydrater: 17,5g; Protein: 2,9 g

ingredienser

1 kop vegansk smør

3/4 kop kokossukker

2 spsk æblemos

1 ¾ kopper gammeldags havre

1 tsk bagepulver

En knivspids havsalt

En knivspids revet muskatnød

1 tsk ren vaniljeekstrakt

1 kop havremel

1 kop universalmel

Adresser

Start med at forvarme din ovn til 350 grader F.

Bland de tørre ingredienser godt sammen i en skål. I en anden skål kombineres de våde ingredienser.

Rør derefter den våde blanding i de tørre ingredienser; blandes godt sammen.

Fordel dejblandingen på en firkantet bradepande beklædt med bagepapir. Bag i den forvarmede ovn i cirka 20 minutter. God fornøjelse!

Halvah Vanilje Fudge

(Klar på cirka 10 minutter + afkølingstid | 16 serveringer)

Per portion: Kalorier: 106; Fedt: 9,8 g; Kulhydrater: 4,5 g; Protein: 1,4 g

ingredienser

1/2 kop kakaosmør

1/2 kop tahin

8 dadler, udstenede

1/4 tsk stødt nelliker

En knivspids revet muskatnød

En knivspids groft salt

1 tsk vaniljeekstrakt

Adresser

Beklæd en firkantet bageplade med bagepapir.

Bland ingredienserne, indtil alt er godt indarbejdet.

Hæld dejen i den pergamentbeklædte form. Stil i fryseren indtil servering. God fornøjelse!

Rå chokolade og mango kage

(Klar på cirka 10 minutter + afkølingstid | 16 serveringer)

Per portion: Kalorier: 196; Fedt: 16,8 g; Kulhydrater: 14,1g; Protein: 1,8 g

ingredienser

Avocado lag:

3 modne avocadoer, udstenede og skrællede

En knivspids havsalt

En knivspids formalet anis

1/2 tsk vaniljepasta

2 spsk kokosmælk

5 spsk agavesirup

1/3 kop kakaopulver

Creme lag:

1/3 kop mandelsmør

1/2 kop kokosfløde

1 medium skrællet mango

1/2 kokosflager

2 spsk agavesirup

Adresser

I din foodprocessor blender du avocadolagen, indtil den er glat og ensartet; booking.

Bland derefter det andet lag i en separat skål. Læg lagene i en let smurt bradepande.

Overfør kagen til din fryser i cirka 3 timer. Opbevar i din fryser. God fornøjelse!

N'ice chokoladecreme

(Klar på cirka 10 minutter | 1 servering)

Per portion: Kalorier: 349; Fedt: 2,8; Kulhydrater: 84,1g; Protein: 4,8 g

ingredienser

2 frosne bananer, skrællet og skåret i skiver

2 spsk kokosmælk

1 tsk johannesbrødpulver

1 tsk kakaopulver

En knivspids revet muskatnød

1/8 tsk stødt kardemomme

1/8 tsk stødt kanel

1 spsk chokoladekrøller

Adresser

Kom alle ingredienser i skålen på din foodprocessor eller højhastighedsblender.

Rør ingredienserne til cremet eller indtil den ønskede konsistens er opnået.

Server med det samme eller opbevar i din fryser.

God fornøjelse!

Raw Raspberry Cheesecake

(Klar på cirka 15 minutter + afkølingstid | 9 servere)

Per portion: Kalorier: 385; Fedt: 22,9; Kulhydrater: 41,1g; Protein: 10,8 g

ingredienser

Cortex:

2 kopper mandler

1 kop friske dadler, udstenede

1/4 tsk stødt kanel

Fyldt:

2 kopper rå cashewnødder, udblødt natten over og drænet

14 ounce brombær, frosne

1 spsk frisk citronsaft

1/4 tsk krystalliseret ingefær

1 dåse kokoscreme

8 friske dadler, udstenede

Adresser

I din foodprocessor blender du skorpeingredienserne, indtil blandingen kommer sammen; Tryk skorpen i en let smurt springform.

Blend derefter fyldelaget, indtil det er helt glat. Hæld fyldet over bunden, og skab en flad overflade med en spatel.

Overfør kagen til din fryser i cirka 3 timer. Opbevar i din fryser.

Pynt med økologisk citrusskal. God fornøjelse!

Mini citrontærter

(Klar på cirka 15 minutter + afkølingstid | 9 servere)

Per portion: Kalorier: 257; Fedt: 16,5; Kulhydrater: 25,4g; Protein: 4g

ingredienser

1 kop cashewnødder

1 kop dadler, udstenede

1/2 kop kokosflager

1/2 tsk stødt anis

3 friskpressede citroner

1 kop kokosfløde

2 spsk agavesirup

Adresser

Pensl en muffinpande med nonstick-madolie.

Blend cashewnødder, dadler, kokos og anis i din foodprocessor eller højhastighedsblender. Tryk skorpen i muffinsformen med peber.

Blend derefter citron, kokoscreme og agavesirup. Hæld fløden i muffinformen.

Opbevar i din fryser. God fornøjelse!

Fluffy Coconut Blondies med Rosiner

(Klar på cirka 30 minutter | 9 serverer)

Per portion: Kalorier: 365; Fedt: 18,5; Kulhydrater: 49g; Protein: 2,1g

ingredienser

1 kop kokosmel

1 kop universalmel

1/2 tsk bagepulver

1/4 tsk salt

1 kop tørret kokosnød, usødet

3/4 kop vegansk smør, blødgjort

1½ dl brun farin

3 spsk æblemos

1/2 tsk vaniljeekstrakt

1/2 tsk stødt anis

1 kop rosiner, udblødt i 15 minutter

Adresser

Start med at forvarme din ovn til 350 grader F. Pensl en bageplade med nonstick-madolie.

Bland mel, bagepulver, salt og kokos godt sammen. I en anden skål piskes smør, sukker, æblemos, vanilje og anis sammen. Tilføj smørblanding til tørre ingredienser; rør for at kombinere godt.

Tilsæt rosinerne. Tryk dejen ned i den forberedte bradepande.

Bages i cirka 25 minutter eller indtil den er sat i midten. Læg kagen på en rist for at køle lidt af.

God fornøjelse!

Nemme chokoladefirkanter

(Klar på cirka 1 time og 10 minutter | 20 serveringer)

Per portion: Kalorier: 187; Fedt: 13,8 g; Kulhydrater: 15,1g; Protein: 2,9 g

ingredienser

1 kop cashew smør

1 kop mandelsmør

1/4 kop smeltet kokosolie

1/4 kop rå kakaopulver

2 ounce mørk chokolade

4 spsk agavesirup

1 tsk vaniljepasta

1/4 tsk stødt kanel

1/4 tsk stødt nelliker

Adresser

Blend alle ingredienser i din blender, indtil den er glat og ensartet.

Læg dejen på en bageplade beklædt med bagepapir. Stil den i din fryser i mindst 1 time for at sætte sig.

Skær i firkanter og server. God fornøjelse!

Chokolade Rosin Cookie Bars

(Klar på cirka 40 minutter | Serverer 10)

Per portion: Kalorier: 267; Fedt: 2,9 g; Kulhydrater: 61,1g; Protein: 2,2g

ingredienser

1/2 kop jordnøddesmør, ved stuetemperatur

1 kop agavesirup

1 tsk ren vaniljeekstrakt

1/4 tsk kosher salt

2 kopper mandelmel

1 tsk bagepulver

1 kop rosiner

1 kop vegansk chokolade, brækket i stykker

Adresser

Bland jordnøddesmør, agavesirup, vanilje og salt grundigt i en skål.

Tilsæt gradvist mandelmel og bagepulver og rør for at kombinere. Tilsæt rosiner og chokoladestykker og rør igen.

Frys i cirka 30 minutter og server meget koldt. God fornøjelse!

Mandel granola barer

(Klar på cirka 25 minutter | Serverer 12)

Per portion: Kalorier: 147; Fedt: 5,9 g; Kulhydrater: 21,7 g; Protein: 5,2g

ingredienser

1/2 kop speltmel

1/2 kop havremel

1 kop havreflager

1 tsk bagepulver

1/2 tsk kanel

1/2 tsk stødt kardemomme

1/4 tsk frisk revet muskatnød

1/8 tsk kosher salt

1 kop mandelmælk

3 spsk agavesirup

1/2 kop jordnøddesmør

1/2 kop æblemos

1/2 tsk ren mandelekstrakt

1/2 tsk ren vaniljeekstrakt

1/2 kop hakkede mandler

Adresser

Start med at forvarme din ovn til 350 grader F.

Bland grundigt mel, havre, bagepulver og krydderier i en skål. I en anden skål kombineres de våde ingredienser.

Rør derefter den våde blanding i de tørre ingredienser; blandes godt sammen. Tilsæt de snittede mandler.

Hæld dejblandingen i en bradepande beklædt med bagepapir. Bag i den forvarmede ovn i cirka 20 minutter. Lad det køle af på en rist. Skær i stænger og nyd!

Fluffy kokos cookies

(Klar på cirka 40 minutter | Serverer 10)

Per portion: Kalorier: 136; Fedt: 7,3 g; Kulhydrater: 15,6g; Protein: 1,6 g

ingredienser

1/2 kop havremel

1/2 kop universalmel

1/2 tsk natron

en knivspids salt

1/4 tsk revet muskatnød

1/2 tsk stødt nelliker

1/2 tsk stødt kanel

4 spsk kokosolie

2 spsk havremælk

1/2 kop kokossukker

1/2 kop kokosflager, usødet

Adresser

I en skål kombineres mel, bagepulver og krydderier.

I en anden skål kombineres kokosolie, havremælk, sukker og kokosnød. Tilsæt den våde blanding til de tørre ingredienser og rør, indtil det er godt blandet.

Stil dejen i dit køleskab i cirka 30 minutter. Form dejen til små småkager og læg dem på en bagepapirbeklædt bageplade.

Bages i den forvarmede 330 grader F ovn i cirka 10 minutter. Overfør panden til en rist til afkøling til stuetemperatur. God fornøjelse!

Valnødde- og råbærtærte

(Klar på ca. 10 minutter + afkølingstid | 8 servere)

Per portion: Kalorier: 244; Fedt: 10,2 g; Kulhydrater: 39g; Protein: 3,8 g

ingredienser

Cortex:

1½ dl malede valnødder

2 spsk ahornsirup

1/4 kop rå kakaopulver

1/4 tsk stødt kanel

En knivspids groft salt

Et nip friskrevet muskatnød

Bær lag:

6 kopper blandede bær

2 frosne bananer

1/2 kop agavesirup

Adresser

I din foodprocessor blender du skorpeingredienserne, indtil blandingen kommer sammen; Tryk skorpen i en let smurt bradepande.

Bland derefter bærlaget i. Læg bærlaget oven på skorpen, og skab en flad overflade med en spatel.

Overfør kagen til din fryser i cirka 3 timer. Opbevar i din fryser. God fornøjelse!

Drømme chokoladekugler

(Klar på ca. 10 minutter + afkølingstid | 8 servere)

Per portion: Kalorier: 107; Fedt: 7,2 g; Kulhydrater: 10,8g; Protein: 1,8 g

ingredienser

3 spsk kakaopulver

8 friske dadler, udstenet og udblødt i 15 minutter

2 spsk tahini, ved stuetemperatur

1/2 tsk stødt kanel

1/2 kop vegansk chokolade, brækket i stykker

1 spsk kokosolie, ved stuetemperatur

Adresser

Tilsæt kakaopulver, dadler, tahini og kanel til skålen på din foodprocessor. Behandl indtil blandingen danner en kugle.

Brug en cookie scoop til at dele blandingen i 1-ounce portioner. Rul kuglerne og stil dem på køl i mindst 30 minutter.

I mellemtiden, mikroovn chokolade indtil smeltet; tilsæt kokosolie og pisk det godt sammen.

Dyp chokoladekuglerne i overtrækket og opbevar i køleskabet indtil servering. God fornøjelse!

Sidste øjeblik makaroni

(Klar på cirka 15 minutter | Serverer 10)

Per portion: Kalorier: 125; Fedt: 7,2 g; Kulhydrater: 14,3g; Protein: 1,1 g

ingredienser

3 kopper kokosflager, sødet

9 ounce kokosmælk på dåse, sødet

1 tsk stødt anis

1 tsk vaniljeekstrakt

Adresser

Start med at forvarme din ovn til 325 grader F. Linje kageplader med bagepapir.

Bland alle ingredienserne godt sammen, indtil alt er godt indarbejdet.

Brug en cookie scoop til at falde bunker af dejen ned på de forberedte bageplader.

Bages i cirka 11 minutter, indtil de er let gyldne. God fornøjelse!

Forældede ratafias

(Klar på cirka 20 minutter | 8 servere)

Per portion: Kalorier: 272; Fedt: 16,2 g; Kulhydrater: 28,6g; Protein: 5,8 g

ingredienser

2 ounces universalmel

2 ounce mandelmel

1 tsk bagepulver

2 spsk æblemos

5 ounce pulveriseret sukker

1 ½ ounce vegansk smør

4 dråber ratafia-essens

Adresser

Start med at forvarme din ovn til 330 grader F. Beklæd en bageplade med bagepapir.

Bland alle ingredienserne godt sammen, indtil alt er godt indarbejdet.

Brug en cookie scoop til at smide bunker af dejen ned på den forberedte bageplade.

Bages i cirka 15 minutter, indtil de er let gyldne. God fornøjelse!

Jasmin risengrød med tørrede abrikoser

(Klar på cirka 20 minutter | 4 servere)

Per portion: Kalorier: 300; Fedt: 2,2 g; Kulhydrater: 63,6g; Protein: 5,6 g

ingredienser

1 kop jasminris, skyllet

1 kop vand

1 kop mandelmælk

1/2 kop brun farin

en knivspids salt

En knivspids revet muskatnød

1/2 kop tørrede abrikoser, hakket

1/4 tsk stødt kanel

1 tsk vaniljeekstrakt

Adresser

Kom ris og vand i en gryde. Dæk gryden til og bring vandet i kog.

Sænk varmen til lav; lad det simre i yderligere 10 minutter til alt vandet er absorberet.

Tilsæt derefter de resterende ingredienser og rør for at kombinere. Lad det simre i yderligere 10 minutter, eller indtil buddingen er tyknet. God fornøjelse!

Daglige energibarer

(Klar på ca. 35 minutter | Serverer 16)

Per portion: Kalorier: 285; Fedt: 17,1 g; Kulhydrater: 30 g; Protein: 5,1g

ingredienser

1 kop vegansk smør

1 kop brun farin

2 spsk agavesirup

2 kopper gammeldags havre

1/2 kop hakkede mandler

1/2 kop hakkede valnødder

1/2 kop tørrede ribs

1/2 kop frø

Adresser

Start med at forvarme din ovn til 320 grader F. Beklæd en bageplade med bagepapir eller Silpat mat.

Bland alle ingredienserne godt sammen, indtil alt er godt indarbejdet.

Fordel blandingen på den forberedte bradepande med en bred spatel.

Bages i cirka 33 minutter eller indtil de er gyldenbrune. Skær i stænger med en skarp kniv og nyd!

rå kokos-is

(Klar på cirka 10 minutter + afkølingstid | 2 servere)

Per portion: Kalorier: 388; Fedt: 7,7 g; Kulhydrater: 82 g; Protein: 4,8 g

ingredienser

4 overmodne bananer, frosne

4 spsk kokosmælk

6 friske dadler, udstenede

1/4 tsk ren kokosekstrakt

1/2 tsk ren vaniljeekstrakt

1/2 kop kokosflager

Adresser

Kom alle ingredienser i skålen på din foodprocessor eller højhastighedsblender.

Rør ingredienserne til cremet eller indtil den ønskede konsistens er opnået.

Server med det samme eller opbevar i din fryser.

God fornøjelse!

Chokolade og hasselnøddefudge

(Klar på cirka 1 time og 10 minutter | 20 serveringer)

Per portion: Kalorier: 127; Fedt: 9g; Kulhydrater: 10,7g; Protein: 2,4g

ingredienser

1 kop cashew smør

1 kop friske dadler, udstenede

1/4 kop kakaopulver

1/4 tsk stødt nelliker

1 tsk matcha pulver

1 tsk vaniljeekstrakt

1/2 kop hasselnødder, groft hakket

Adresser

Blend alle ingredienser i din blender, indtil den er glat og ensartet.

Læg dejen på en bageplade beklædt med bagepapir. Stil den i din fryser i mindst 1 time for at sætte sig.

Skær i firkanter og server. God fornøjelse!

Blåbær havregryn firkanter

(Klar på cirka 25 minutter | Portioner 20)

Per portion: Kalorier: 101; Fedt: 2,5 g; Kulhydrater: 17,2g; Protein: 2,8 g

ingredienser

1½ kop havregryn

1/2 kop brun farin

1 tsk bagepulver

En knivspids groft salt

En knivspids revet muskatnød

1/2 tsk kanel

2/3 kop jordnøddesmør

1 mellemstor banan, moset

1/3 kop havremælk

1 tsk vaniljeekstrakt

1/2 kop tørrede tranebær

Adresser

Start med at forvarme din ovn til 350 grader F.

Bland de tørre ingredienser godt sammen i en skål. I en anden skål kombineres de våde ingredienser.

Rør derefter den våde blanding i de tørre ingredienser; blandes godt sammen.

Fordel dejblandingen på en bageplade beklædt med bagepapir. Bag i den forvarmede ovn i cirka 20 minutter.

Lad det køle af på en rist. Skær den i firkanter og nyd!

Klassisk brødbudding med sultanas

(Klar om ca. 2 timer | 4 serverer)

Per portion: Kalorier: 377; Fedt: 6,5 g; Kulhydrater: 72 g; Protein: 10,7 g

ingredienser

10 ounce daggammelt brød, skåret i tern

2 kopper kokosmælk

1/2 kop kokossukker

1 tsk vaniljeekstrakt

1/2 tsk stødt nelliker

1/2 tsk stødt kanel

1/2 kop Sultanas

Adresser

Læg brødterningerne i et let smurt ovnfast fad.

Blend nu mælk, sukker, vanilje, stødt nelliker og kanel, indtil det er cremet og glat.

Hæld blandingen over brødterningerne, pres dem med en bred spatel, så de er godt gennemblødte; fold i Sultanas og lad hvile i cirka 1 time.

Bages i den forvarmede 350 grader F ovn i cirka 1 time, eller indtil toppen af din budding er gyldenbrun.

God fornøjelse!

Dekadent Hasselnød Halvah

(Klar på cirka 10 minutter | 16 serveringer)

Per portion: Kalorier: 169; Fedt: 15,5 g; Kulhydrater: 6,6g; Protein: 1,9 g

ingredienser

- 1/2 kop tahin
- 1/2 kop mandelsmør
- 1/4 kop smeltet kokosolie
- 4 spsk agave nektar
- 1/2 tsk ren mandelekstrakt
- 1/2 tsk ren vaniljeekstrakt
- 1/8 tsk salt
- 1/8 tsk frisk revet muskatnød
- 1/2 kop hakkede hasselnødder

Adresser

Beklæd en firkantet bageplade med bagepapir.

Bland ingredienserne, undtagen hasselnødderne, indtil alt er godt indarbejdet.

Hæld dejen i den pergamentbeklædte form. Pres hasselnødderne ned i dejen.

Stil i fryseren indtil servering. God fornøjelse!

Mini Orange Cheesecakes

(Klar på cirka 10 minutter + afkølingstid | 12 serveringer)

Per portion: Kalorier: 226; Fedt: 15,9 g; Kulhydrater: 19,8g; Protein: 5,1g

ingredienser

Cortex:

1 kop rå mandler

1 kop friske dadler, udstenede

Tilføjelse:

1/2 kop rå solsikkekerner, udblødt natten over og drænet

1 kop rå cashewnødder, udblødt natten over og drænet

1 friskpresset appelsin

1/4 kop kokosolie, blødgjort

1/2 kop dadler, udstenede

Pynt:

2 spsk karamel topping

Adresser

I din foodprocessor blender du skorpeingredienserne, indtil blandingen kommer sammen; Tryk skorpen i en let smurt muffinform.

Blend derefter ingredienserne til toppingen, indtil de er cremet og glat. Hæld toppingblandingen over skorpen, og skab en flad overflade med en spatel.

Stil disse mini cheesecakes i din fryser i cirka 3 timer. Pynt med karamel topping. God fornøjelse!

Bærkompot med rødvin

(Klar på cirka 15 minutter | 4 servere)

Per portion: Kalorier: 260; Fedt: 0,5 g; Kulhydrater: 64,1g; Protein: 1,1 g

ingredienser

4 kopper blandede bær, friske eller frosne

1 kop sød rødvin

1 kop agavesirup

1/2 tsk stjerneanis

1 kanelstang

3-4 tænder

En knivspids revet muskatnød

En knivspids havsalt

Adresser

Kom alle ingredienserne i en gryde. Dæk med vand med 1 tomme. Bring det i kog og reducer straks varmen til et simre.

Lad det simre i 9 til 11 minutter. Lad det køle helt af.

God fornøjelse!

Tyrkiske Irmik Helvasi

(Klar på cirka 35 minutter | 8 servere)

Per portion: Kalorier: 349; Fedt: 29,1 g; Kulhydrater: 18,1g; Protein: 4,7 g

ingredienser

1 kop semuljemel

1/2 kop revet kokos

1/2 tsk bagepulver

en knivspids salt

1 tsk ren vaniljeekstrakt

1 kop vegansk smør

1 kop kokosmælk

1/2 kop malede valnødder

Adresser

Bland mel, kokos, bagepulver, salt og vanilje godt sammen. Tilsæt smør og mælk; bland for at kombinere.

Vend nødderne i og lad dem sidde i cirka 1 time.

Bag i den forvarmede 350 grader F ovn i cirka 30 minutter, eller indtil en tester indsat i midten af kagen kommer ud tør og ren.

Overfør til en rist til afkøling helt inden udskæring og servering. God fornøjelse!

Traditionel græsk koufeto

(Klar på cirka 15 minutter | 8 servere)

Per portion: Kalorier: 203; Fedt: 6,8 g; Kulhydrater: 34,1g; Protein: 3,4 g

ingredienser

1 pund græskar

8 ounce brun farin

1 vaniljestang

3-4 tænder

1 kanelstang

1 kop mandler, skåret i skiver og let ristet

Adresser

Bring græskar og brun farin i kog; tilsæt vanilje, nelliker og kanel.

Rør konstant for at undgå at klæbe.

Kog indtil din Koufeto er tyknet; fold mandlerne i; lad det køle helt af. God fornøjelse!

Krydret frugtsalat med citrondressing

(Klar på cirka 15 minutter | 4 servere)

Per portion: Kalorier: 223; Fedt: 0,8 g; Kulhydrater: 56,1g; Protein: 2,4g

ingredienser

Salat:

1/2 pund blandede bær

1/2 pund æbler, udkernede og skåret i tern

8 ounce røde druer

2 kiwi, skrællet og skåret i tern

2 store appelsiner, skrællet og skåret i skiver

2 skiver bananer

Citrondressing:

2 spsk frisk citronsaft

1 tsk frisk ingefær, skrællet og hakket

4 spsk agavesirup

Adresser

Bland alle ingredienser til salat, indtil det er godt blandet.

Pisk derefter alle ingredienserne til citrondressingen sammen i en lille skål.

Anret din salat og server den meget kold. God fornøjelse!

Æblecrumble i tysk stil

(Klar på cirka 50 minutter | 8 servere)

Per portion: Kalorier: 376; Fedt: 23,8 g; Kulhydrater: 41,3g; Protein: 3,3 g

ingredienser

4 æbler, udkernede, skrællet og skåret i skiver

1/2 kop brun farin

1 kop universalmel

1/2 kop kokosmel

2 spsk hørfrømel

1 tsk bagepulver

1/2 tsk natron

En knivspids havsalt

Et nip friskrevet muskatnød

1/2 tsk stødt kanel

1/2 tsk stødt anis

1/2 tsk ren vaniljeekstrakt

1/2 tsk ren kokosekstrakt

1 kop kokosmælk

1/2 kop blødgjort kokosolie

Adresser

Læg æblerne i bunden af en let smurt bradepande. Drys brun farin over dem.

Bland grundigt mel, hørfrømel, bagepulver, natron, salt, muskatnød, kanel, anis, vanilje og kokosnøddeekstrakt i en skål.

Tilsæt kokosmælken og den blødgjorte olie og bland indtil alt er godt indarbejdet. Fordel toppingblandingen over frugtlaget.

Bag det smuldrede æble ved 350 grader F i cirka 45 minutter eller indtil gyldenbrun. God fornøjelse!

Vanilje- og kanelbudding

(Klar på cirka 25 minutter | 4 servere)

Per portion: Kalorier: 332; Fedt: 4,4 g; Kulhydrater: 64 g; Protein: 9,9 g

ingredienser

1 kop basmatiris, skyllet

1 kop vand

3 kopper mandelmælk

12 dadler, udstenede

1 tsk vaniljepasta

1 tsk kanelpulver

Adresser

Tilsæt ris, vand og 1 ½ dl mælk i en gryde. Dæk gryden til og bring blandingen i kog.

Sænk varmen til lav; lad det simre i yderligere 10 minutter, indtil al væsken er absorberet.

Tilsæt derefter de resterende ingredienser og rør for at kombinere. Lad det simre i yderligere 10 minutter, eller indtil buddingen er tyknet. God fornøjelse!

Mint chokoladekage

(Klar på ca. 45 minutter | Serverer 16)

Per portion: Kalorier: 167; Fedt: 7,1 g; Kulhydrater: 25,1g; Protein: 1,4 g

ingredienser

1/2 kop vegansk smør

1/2 kop brun farin

2 chiaæg

3/4 kop universalmel

1 tsk bagepulver

en knivspids salt

En knivspids malet nelliker

1 tsk kanelpulver

1 tsk ren vaniljeekstrakt

1/3 kop kokosflager

1 kop veganske chokoladestykker

Et par dråber pebermynte æterisk olie

Adresser

Pisk det veganske smør og sukker i en skål til det er luftigt.

Tilsæt chiaæg, mel, bagepulver, salt, nelliker, kanel og vanilje. Pisk det godt sammen.

Tilsæt kokos og bland igen.

Placer blandingen i en let smurt bradepande; bages ved 350 grader F i 35 til 40 minutter.

Smelt chokoladen i din mikrobølgeovn og tilsæt den æteriske pebermynteolie; rør for at kombinere godt.

Fordel derefter chokoladeganachen jævnt over kagens overflade. God fornøjelse!

Gammeldags småkager

(Klar på ca. 45 minutter | Serverer 12)

Per portion: Kalorier: 167; Fedt: 8,6 g; Kulhydrater: 19,6g; Protein: 2,7g

ingredienser

1 kop universalmel

1 tsk bagepulver

en knivspids salt

En knivspids revet muskatnød

1/2 tsk stødt kanel

1/4 tsk stødt kardemomme

1/2 kop jordnøddesmør

2 spsk kokosolie ved stuetemperatur

2 spsk mandelmælk

1/2 kop brun farin

1 tsk vaniljeekstrakt

1 kop veganske chokoladechips

Adresser

I en skål kombineres mel, bagepulver og krydderier.

I en anden skål kombineres jordnøddesmør, kokosolie, mandelmælk, sukker og vanilje. Tilsæt den våde blanding til de tørre ingredienser og rør, indtil det er godt blandet.

Tilsæt chokoladechipsene. Stil dejen i dit køleskab i cirka 30 minutter. Form dejen til små småkager og læg dem på en bagepapirbeklædt bageplade.

Bages i den forvarmede 350 grader F ovn i cirka 11 minutter. Overfør til en rist til afkøling lidt inden servering. God fornøjelse!

Kokoscreme kage

(Klar på cirka 15 minutter + afkølingstid | 12 serveringer)

Per portion: Kalorier: 295; Fedt: 21,1 g; Kulhydrater: 27,1g; Protein: 3,8 g

ingredienser

Cortex:

2 kopper valnødder

10 friske dadler, udstenede

2 spsk kokosolie ved stuetemperatur

1/4 tsk lyske kardemomme

1/2 tsk stødt kanel

1 tsk vaniljeekstrakt

Fyldt:

2 mellemstore overmodne bananer

2 frosne bananer

1 kop hel kokosfløde, meget kold

1/3 kop agavesirup

Pynt:

3 ounce vegansk mørk chokolade, barberet

Adresser

I din foodprocessor blender du skorpeingredienserne, indtil blandingen kommer sammen; Tryk skorpen i en let smurt bradepande.

Bland derefter fyldelaget. Hæld fyldet over bunden, og skab en flad overflade med en spatel.

Overfør kagen til din fryser i cirka 3 timer. Opbevar i din fryser.

Pynt med chokoladekrøller lige inden servering. God fornøjelse!

Nem chokolade slik

(Klar på cirka 35 minutter | 8 servere)

Per portion: Kalorier: 232; Fedt: 15,5 g; Kulhydrater: 19,6g; Protein: 3,4 g

ingredienser

10 ounce mørk chokolade, brækket i stykker

6 spsk varm kokosmælk

1/4 tsk stødt kanel

1/4 tsk stødt anis

1/2 tsk vaniljeekstrakt

1/4 kop kakaopulver, usødet

Adresser

Bland chokolade, varm kokosmælk, kanel, anis og vanilje godt sammen, indtil alt er godt indarbejdet.

Brug en cookie scoop til at dele blandingen i 1-ounce portioner. Rul kuglerne med hænderne og stil dem på køl i mindst 30 minutter.

Dyp chokoladekuglerne i kakaopulveret og opbevar i køleskabet indtil servering. God fornøjelse!

Mors hindbærskomager

(Klar på cirka 50 minutter | 7 servere)

Per portion: Kalorier: 227; Fedt: 10,6 g; Kulhydrater: 32,1g; Protein: 3,6 g

ingredienser

1 pund friske hindbær

1/2 tsk frisk ingefær, skrællet og hakket

1/2 tsk limeskal

2 spsk brun farin

1 kop universalmel

1 tsk bagepulver

1/4 tsk havsalt

2 ounce agavesirup

1/4 tsk stødt nelliker

1/2 tsk stødt kanel

1/8 tsk frisk revet muskatnød

1/2 kop kokosfløde

1/2 kop kokosmælk

Adresser

Læg hindbærrene i bunden af en let smurt bradepande. Drys ingefær, limeskal og farin over dem.

I en skål blandes grundigt mel, bagepulver, salt, agavesirup, stødt nelliker, kanel og muskatnød.

Tilsæt kokosfløde og mælk og bland indtil det hele er godt indarbejdet. Fordel toppingblandingen over hindbærlaget.

Bag din skomager ved 350 grader F i cirka 45 minutter eller indtil gyldenbrun. God fornøjelse!

Sprød efterårspære

(Klar på cirka 50 minutter | 8 servere)

Per portion: Kalorier: 289; Fedt: 15,4 g; Kulhydrater: 35,5g; Protein: 4,4 g

ingredienser

4 pærer, skrællede, udkernede og skåret i skiver

1 spsk frisk citronsaft

1/2 tsk stødt kanel

1/2 tsk stødt anis

1 kop brun farin

1 ¼ kopper hurtiglavet havre

1/2 kop vand

1/2 tsk bagepulver

1/2 kop smeltet kokosolie

1 tsk ren vaniljeekstrakt

Adresser

Start med at forvarme din ovn til 350 grader F.

Læg pærerne i bunden af et let smurt ovnfast fad. Drys citronsaft, kanel, anis og 1/2 kop brun farin over dem.

I en skål skal du grundigt kombinere hurtigkogende havre, vand, halvdelen af brun farin, bagepulver, kokosolie og vaniljeekstrakt.

Fordel toppingblandingen over frugtlaget.

Bages i den forvarmede ovn i cirka 45 minutter eller indtil de er gyldenbrune. God fornøjelse!

Berømte høstak-kager

(Klar på cirka 20 minutter | 9 serverer)

Per portion: Kalorier: 332; Fedt: 18,4 g; Kulhydrater: 38,5g; Protein: 5,1g

ingredienser

1 kop instant havregryn

1/2 kop mandelsmør

2 ounces malede mandler

1/4 kop usødet kakaopulver

1/2 tsk vanilje

1/2 tsk stødt kanel

1/2 tsk stødt anis

1/4 kop mandelmælk

3 spsk vegansk smør

1 kop brun farin

Adresser

Bland grundigt havre, mandelsmør, malede mandler, kakao, vanilje, kanel og anis i en skål. booking.

I en mellemstor gryde bringes mælk, smør og sukker i kog. Lad det koge i cirka 1 minut under jævnlig omrøring.

Hæld mælk/smørblanding over havreblandingen; rør for at kombinere godt.

Kom teskefulde på en bageplade beklædt med bagepapir og lad køle helt af. God fornøjelse!

Dobbelt chokolade brownies

(Klar på cirka 25 minutter | 9 serverer)

Per portion: Kalorier: 237; Fedt: 14,4 g; Kulhydrater: 26,5g; Protein: 2,8 g

ingredienser

- 1/2 kop smeltet vegansk smør
- 2 spsk æblemos
- 1/2 kop universalmel
- 1/2 kop mandelmel
- 1 tsk bagepulver
- 2/3 kop brun farin
- 1/2 tsk vaniljeekstrakt
- 1/3 kop kakaopulver
- En knivspids havsalt
- Et nip friskrevet muskatnød
- 1/4 kop chokoladechips

Adresser

Start med at forvarme din ovn til 350 grader F.

Pisk smør og æblemos i en skål, indtil det er godt blandet. Tilsæt derefter de resterende ingredienser, mens du pisk konstant for at blande godt.

Hæld dejen i en let smurt bradepande. Bag i den forvarmede ovn i cirka 25 minutter, eller indtil en tester, der er sat i midten, kommer ren ud.

God fornøjelse!

Sprøde havregryn og valnød lækkerier

(Klar på cirka 25 minutter | 10 serveringer)

Per portion: Kalorier: 375; Fedt: 16,3 g; Kulhydrater: 56g; Protein: 4,7 g

ingredienser

1 kop universalmel

2 ½ kopper instant havregryn

1 tsk bagepulver

En knivspids groft salt

1 kop brun farin

1/2 kop kokosolie ved stuetemperatur

4 spsk agavesirup

1 tsk vaniljeekstrakt

1/4 tsk stødt kanel

1/4 tsk stødt anis

1/4 tsk stødt nelliker

2 spsk æblemos

1/2 kop valnødder, hakket

Adresser

Bland grundigt mel, havre, bagepulver og salt i en skål.

Pisk derefter sukkeret med kokosolie og agavesirup. Tilsæt krydderierne og æblemosen. Tilsæt den våde blanding til de tørre ingredienser.

Tilsæt nødderne og rør sammen. Fordel dejen på en bageplade beklædt med bagepapir.

Bag din kage ved 350 grader F i cirka 25 minutter, eller indtil midten er indstillet. Lad det køle af og skær det i stænger. God fornøjelse!

Mors hindbærostkage

(Klar på cirka 15 minutter + afkølingstid | 9 servere)

Per portion: Kalorier: 355; Fedt: 29,1 g; Kulhydrater: 20,1g; Protein: 6,6 g

ingredienser

Cortex:

1 kop mandelmel

1/2 kop macadamianødder

1 kop tørret tørret kokosnød

1/2 tsk kanel

1/4 tsk revet muskatnød

Tilføjelse:

1 kop rå cashewnødder, udblødt natten over og drænet

1 kop rå solsikkekerner, udblødt natten over og drænet

1/4 kop kokosolie, ved stuetemperatur

1/2 kop ren agavesirup

1/2 kop frysetørrede hindbær

Adresser

I din foodprocessor blender du skorpeingredienserne, indtil blandingen kommer sammen; Tryk skorpen i en let smurt springform.

Blend derefter ingredienserne til toppingen, indtil de er cremet og glat. Hæld toppingblandingen over skorpen.

Stil cheesecaken i fryseren i cirka 3 timer. Pynt med nogle hindbær og ekstra kokosflager. God fornøjelse!

Chokoladeglaserede småkager

(Klar på cirka 45 minutter | Serverer 14)

Per portion: Kalorier: 177; Fedt: 12,6 g; Kulhydrater: 16,2g; Protein: 1,7 g

ingredienser

1/2 kop universalmel

1/2 kop mandelmel

1 tsk bagepulver

En knivspids havsalt

En knivspids revet muskatnød

1/4 tsk stødt nelliker

1/2 kop kakaopulver

1/2 kop cashew smør

2 spsk mandelmælk

1 kop brun farin

1 tsk vaniljepasta

4 ounce vegansk chokolade

1 ounce kokosolie

Adresser

I en skål kombineres mel, bagepulver, salt, muskatnød, nelliker og kakaopulver.

I en anden skål kombineres cashewsmør, mandelmælk, sukker og vaniljekornspasta. Tilsæt den våde blanding til de tørre ingredienser og rør, indtil det er godt blandet.

Stil dejen i dit køleskab i cirka 30 minutter. Form dejen til små småkager og læg dem på en bagepapirbeklædt bageplade.

Bages i den forvarmede 330 grader F ovn i cirka 10 minutter. Overfør gryden til en rist for at køle lidt af.

Mikrobølgeovn chokoladen indtil smeltet; bland den smeltede chokolade med kokosolien. Fordel frostingen over dine cookies og lad dem køle helt af. God fornøjelse!

Karamel brød budding

(Klar om ca. 2 timer | 5 servere)

Per portion: Kalorier: 386; Fedt: 7,3 g; Kulhydrater: 69,3g; Protein: 10,8 g

ingredienser

12 ounce gammelt brød, skåret i tern

3 kopper mandelmælk

1/2 kop agavesirup

1/4 tsk groft salt

1/4 tsk frisk revet muskatnød

1 tsk ren vaniljeekstrakt

1/2 tsk stødt kanel

1 kop hakkede mandler

1 kop karamelsauce

Adresser

Læg brødterningerne i et let smurt ovnfast fad.

Blend nu mælk, agavesirup, groft salt, friskrevet muskatnød, vaniljeekstrakt og kanel, indtil det er cremet og glat.

Hæld blandingen over brødterningerne, pres dem med en bred spatel, så de er godt gennemblødte; Tilsæt mandlerne og lad det stå i cirka 1 time.

Bages i den forvarmede 350 grader F ovn i cirka 1 time, eller indtil toppen af din budding er gyldenbrun.

Hæld karamelsaucen over brødbuddingen og server ved stuetemperatur. God fornøjelse!

De bedste granolabarer nogensinde

(Klar på cirka 25 minutter | 16 serveringer)

Per portion: Kalorier: 227; Fedt: 12,8 g; Kulhydrater: 25,5 g; Protein: 3,7 g

ingredienser

1 kop vegansk smør

1 kop havreflager

1 kop universalmel

1 kop havremel

1 tsk bagepulver

En knivspids groft havsalt

Et nip friskrevet muskatnød

1/4 tsk stødt nelliker

1/4 tsk stødt kardemomme

1/4 tsk stødt kanel

1 dynger kop pakkede dadler, udstenede

4 ounce hindbærsyltetøj

Adresser

Start med at forvarme din ovn til 350 grader F.

Bland de tørre ingredienser godt sammen i en skål. I en anden skål kombineres de våde ingredienser.

Rør derefter den våde blanding i de tørre ingredienser; blandes godt sammen.

Fordel dejblandingen på en bageplade beklædt med bagepapir. Bag i den forvarmede ovn i cirka 20 minutter.

Lad afkøle på en rist og skær derefter i stænger. God fornøjelse!

Gammeldags Penuche Fudge

(Klar på cirka 15 minutter | Serverer 12)

Per portion: Kalorier: 156; Fedt: 11,1 g; Kulhydrater: 13,6g; Protein: 1,5 g

ingredienser

4 ounce vegansk mørk chokolade

1/2 kop mandelmælk

1 kop brun farin

1/4 kop kokosolie, blødgjort

1/2 kop hakkede valnødder

1/4 tsk stødt nelliker

1/2 tsk stødt kanel

Adresser

Mikroovn chokoladen indtil den er smeltet.

Opvarm mælken i en gryde og tilsæt den varme mælk til den smeltede chokolade.

Tilsæt de resterende ingredienser og bland det godt sammen.

Hæld blandingen i en godt smurt gryde og stil den i køleskabet, indtil den er stivnet. god fornøjelse

(Klar på cirka 10 minutter + afkølingstid | 12 serveringer)

Per portion: Kalorier: 235; Fedt: 17,8 g; Kulhydrater: 17,5g; Protein: 4,6 g

ingredienser

1 kop malede mandler

1 ½ kop dadler, udstenede

1½ kop vegansk flødeost

1/4 kop kokosolie, blødgjort

1/2 kop friske eller frosne blåbær

Adresser

I din foodprocessor blender du mandlerne og 1 kop dadler, indtil blandingen kommer sammen; Tryk skorpen i en let smurt muffinform.

Bland derefter den resterende 1/2 kop dadler sammen med den veganske ost, kokosolie og blåbær indtil cremet og glat. Hæld toppingblandingen over skorpen.

Stil disse mini cheesecakes i din fryser i cirka 3 timer. God fornøjelse!

Klassisk vegansk smør

(Klar på cirka 10 minutter | 16 serveringer)

Per portion: Kalorier: 89; Fedt: 10,1 g; Kulhydrater: 0,2g; Protein: 0,1 g

ingredienser

2/3 kop raffineret kokosolie, smeltet

1 spsk solsikkeolie

1/4 kop sojamælk

1/2 tsk malteddike

1/3 tsk groft havsalt

Adresser

Tilsæt kokosolie, solsikkeolie, mælk og eddike til skålen med din blender. Blitz at kombinere godt.

Tilsæt havsalt og fortsæt med at blende indtil cremet og glat; stilles på køl til den er stivnet.

God fornøjelse!

Zucchinipandekager i middelhavsstil

(Klar på cirka 20 minutter | 4 servere)

Per portion: Kalorier: 260; Fedt: 14,1 g; Kulhydrater: 27,1g; Protein: 4,6 g

ingredienser

1 kop universalmel

1/2 tsk bagepulver

1/2 tsk tørret oregano

1/2 tsk tørret basilikum

1/2 tsk tørret rosmarin

Havsalt og kværnet sort peber efter smag

1½ dl revet zucchini

1 chiaæg

1/2 kop rismælk

1 tsk hakket hvidløg

2 spsk spidskål, skåret i skiver

4 spsk olivenolie

Adresser

Bland mel, bagepulver og krydderier godt sammen. Kombiner zucchini, chiaæg, mælk, hvidløg og spidskål i en separat skål.

Tilføj zucchiniblanding til tør melblanding; rør for at kombinere godt.

Varm derefter olivenolien op i en stegepande ved moderat varme. Kog dine pandekager i 2 til 3 minutter på hver side, indtil de er gyldenbrune.

God fornøjelse!

Traditionelt norsk fladbrød (Lefse)

(Klar på cirka 20 minutter | 7 servere)

Per portion: Kalorier: 215; Fedt: 4,5 g; Kulhydrater: 38,3g; Protein: 5,6 g

ingredienser

- 3 mellemstore kartofler
- 1/2 kop universalmel
- 1/2 kop besan
- Havsalt efter smag
- 1/4 tsk stødt sort peber
- 1/2 tsk cayennepeber
- 2 spsk olivenolie

Adresser

Kog kartoflerne i vand tilsat lidt salt til de bliver bløde.

Skræl og mos kartoflerne og tilsæt derefter mel, besan og krydderier.

Del dejen i 7 lige store kugler. Rul hver kugle ud på en lille meldrysset arbejdsflade.

Varm olivenolie i en stegepande over middel-lav varme og kog hvert fladbrød i 2 til 3 minutter. Server straks.

God fornøjelse!

Grundlæggende cashewsmør

(Klar på ca. 20 minutter | Serverer 12)

Per portion: Kalorier: 130; Fedt: 10,1 g; Kulhydrater: 6,8g; Protein: 3,8 g

ingredienser

   3 kopper rå cashewnødder

   1 spsk kokosolie

Adresser

Puls cashewnødderne i din foodprocessor eller højhastighedsblender, indtil de er malet. Bearbejd derefter i 5 minutter mere, og skrab siderne og bunden af skålen.

Tilsæt kokosolien.

Tænd for maskinen i yderligere 10 minutter eller indtil smørret er helt cremet og glat. God fornøjelse!

www.ingramcontent.com/pod-product-compliance
Lightning Source LLC
Chambersburg PA
CBHW050153130526
44591CB00033B/1290